DAS GEHEIMNIS DER

GRILL & CHILI SAUCEN

IMPRESSUM

HEEL Verlag GmbH
Gut Pottscheidt
53639 Königswinter
Tel.: 02223 9230-0
Fax: 02223 9230-13
E-Mail: info@heel-verlag.de
Internet: www.heel-verlag.de

Satz und Gestaltung: Heel Verlag,
Christine Mertens, Königswinter
Fotos: Fabian Rapp, fotolia Seite 15, 16, 29,
44, 45, 53 und 75
Projektleitung: Christine Birnbaum

Dieses Buch und die darin enthaltenen Rezepte
wurden nach bestem Wissen und Gewissen verfasst.
Weder der Verlag noch der Autor tragen die Verant-
wortung für ungewollte Reaktionen oder Beein-
trächtigungen, die aus der Verarbeitung der Zutaten
entstehen.

Printed in Croatia

ISBN 978-3-86852-684-4

Ralf Nowak

DAS GEHEIMNIS DER

GRILL & CHILI SAUCEN

Zutaten, Herstellung & viele Rezepte

HEEL

Inhalt

CHILI-SAUCEN

REZEPTE

GRILL- UND BBQ-SAUCEN

Vorwort

Meine Zustimmung kam spontan, vielleicht ein bisschen zu spontan. Als mich die nette Dame vom Heel Verlag am Telefon fragte, ob ich mir vorstellen könne, ein Buch über Grill- und Chilisaucen zu schreiben, war mir nicht ganz klar, was das in aller Konsequenz heißen würde. Klar, es ist mein Steckenpferd, meine Passion, mein Beruf, ich weiß verdammt viel über das, was hervorragende Saucen ausmacht. Aber ein Buch schreiben? Ein bisschen Warenkunde, ein paar Beispiele, Rezepte, Allgemeines — es sollte kein Problem sein, bei Ihrem Wissen, meinte die Lektorin. Und dann habe ich ja gesagt, auch zu einem schier unhaltbaren Abgabetermin, ohne zu wissen, was der große Chili-Geist sich für mich ausgedacht hatte.

Da half dann auch der Gedanke nicht, dass die Gemütslage von Lektorinnen beim Zubereiten von Grill- und Chilisaucen ganz ähnlich sein muss wie meine, jetzt, wo ich ein Buchprojekt vor mir und zwischen meinen Saucen herschieben sollte. Aber ein Ja ist ein Ja und der Mensch wächst ja bekanntlich mit seinen Aufgaben.

Man denkt sich nun mal nicht ungestraft Saucen aus, die unter dem Namen „Hot Mamas" und „Painmaker" inzwischen eine beachtliche Marktpräsenz erlangt haben und man ist auch nicht folgenlos als der „Painmaker" unterwegs und vertreibt diese beiden Saucen. Als gelernter Koch und Küchenmeister kann ich inzwischen auf 38 Jahre Berufserfahrung zurückblicken und in dieser Zeit hat sich meine Begeisterung für „scharfe Sachen" immer weiter entwickelt. Mein größtes Anliegen ist es, meine Erfahrungen und mein Wissen über die Chilis und das Herstellen von Chili-, Grill- und BBQ-Saucen auf eine einfache und verständliche Art weiterzugeben. Gerne nutze ich die Gelegenheit und lasse mir in diesem Buch in die Karten schauen. Dabei verrate ich nicht wenige der Geheimnisse, die ich über die Jahre rund um die Chili erworben habe.

Viel Spaß beim Schmökern, Nachkochen und natürlich beim Genießen!

Ralf Nowak

Die Herstellung

**Bevor Sie sich ans Werk begeben, gilt es, einiges zu beachten.
Hier die wichtigsten Punkte:**

Denken Sie bitte daran, bei der Verarbeitung von Chili die richtige Schutzkleidung zu tragen, vor Beginn die Erste-Hilfe-Anweisungen zu lesen und ein Notfallset bereitzulegen, das sicherlich zum Einsatz kommen wird.

Das klingt nach Übertreibung, aber es entspricht meinen Erfahrungen, denn ich kenne niemanden, der bei der ersten Produktion eigener Saucen keine brennenden Augen hatte und nach Luft schnappend in der Ecke saß.

Je sauberer, ruhiger und konzentrierter man arbeitet, desto besser. Solange es gut aussieht und gut schmeckt, kann nichts schief gehen. Wenn Essig benötigt wird, nehmen Sie immer Ihren Lieblingsessig, egal ob Apfel-Wein-Branntwein-Malz oder aber eine andere Sorte, deren Säuregehalt zwischen 5 und 10 % liegt. Die Wahl des Chilis bleibt Ihnen überlassen.
In der Tabelle finden sich Anregungen, welcher Chili für welchen Geschmack der Richtige ist.
Mit Salz sollte man genauso sparsam umgehen wie mit Gemüsesorten, die den Organismus belasten, wie z. B. Zwiebeln, Kohl, Pilze und Wurzelgemüse. Was die Bekömmlichkeit angeht, ist es besser, die Chilisaucen zu kochen als sie ungekocht zu verwenden.

Erste Hilfe

Wenn Chili in die Augen gelangt:

Ruhe bewahren, nicht hektisch agieren. Die Augen auf keinen Fall mit den Fingern reiben.

Dann kommt das Notfallset zum Einsatz:

Es besteht aus: Papiertaschentüchern oder einer Küchenrolle und einem Becher Salatöl

Wenn die Augen brennen, weil Chili z. B. durch Augenreiben ins Auge gelangt ist, sollte man folgendes tun:

Reichlich Salatöl auf ein Papiertuch träufeln und über die schmerzende Stelle am Auge wischen. Achtung: Wenn der Schmerz näher an der Außenseite des Auges ist, nach außen wischen, wenn er mehr Richtung Nase sitzt, entsprechend in Richtung Nase wischen.
Mit demselben Tuch darf man nur ein einziges Mal wischen (Merke: wisch und weg). Für jeden Wisch muss also ein neues Tuch mit Salatöl getränkt werden. Wenn man das Procedere circa 3- bis 5-mal wiederholt hat, lässt der Schmerz spürbar nach.

Warum sollte man Öl nehmen und kein Wasser?

Der im Chili enthaltene Stoff Capsaicin ist fettlöslich. Daher kann das Öl das Capsaicin aus den Augen waschen. Verwendet man Wasser, ist dies nicht möglich, man verreibt das Capsaicin nur noch mehr und es verteilt sich, wird aber nicht entfernt. Der Schmerz wird dadurch nur noch schlimmer und hält länger an. Im Zweifel sollte man immer einen Arzt aufsuchen.

Wissenswertes rund um Chilis

HERKUNFT

Mexiko und das nördliche Mittelamerika gelten als Ursprungsgebiete des Capsicum annuum. Südamerika ist das Ursprungsland von Capsicum frutescens.

PRODUKTIONSMENGE

Weltweit werden derzeit etwa 35 Millionen Tonnen Chili angebaut. Die Nachfrage steigt jährlich um 3,5 bis 5 %.

VERBREITUNG

Im 16. Jahrhundert wurde Chili von portugiesischen und spanischen Entdeckern über die Handelswege aus Südamerika nach Südasien eingeführt und dann rasch in die lokale Küche übernommen. Er verbreitete sich über den gesamten asiatischen Raum.

Länderanteil der jährlichen PRODUKTIONSMENGE

in Prozent

China	56
Mexiko	8
Türkei	7
Indonesien	5
Spanien	4
USA	3
Nigeria	2
Ägypten	2
Korea	2
Holland	1

Quelle: FAOSTAT

Fakten

Chili als Grundnahrungsmittel:

Die Chili ist neben der Pinto-Bohne in Mexico und New Mexico offizielles Grundnahrungsmittel.
Daher überrascht es nicht, dass in New Mexico mehr Chilischoten pro Kopf gegessen werden, als in allen anderen Staaten der USA.

Der weltweite Verbrauch von Chili:

Eine von vier Personen auf der Erde isst täglich Chili.
Das sind 25 % der Weltbevölkerung.

Die Bedeutung von Chili in heißen Klimazonen:

Auf scharfe Nahrungsmittel reagiert der Körper mit Schwitzen, wodurch er abgekühlt wird. Daher sind Chilischoten insbesondere in warmen und heißen Regionen sehr beliebt.

Die Kennzeichen und Ursachen der Schärfe:

In der Regel gilt folgender Grundsatz: Je kleiner die Chilischote, desto schärfer ist sie.
Für die Schärfe von Chili und Paprika ist ein Alkaloid namens Capsaicin verantwortlich.
Capsaicin ist eine farblose, stechend riechende, kristalline Verbindung mit der chemischen Formel $C_{18}H_{27}NO_3$. Es wird vermutet, dass Pflanzen Capsaicin entwickelt haben, um sich vor Fressfeinden zu schützen.

Das Zentrum der Schärfe:

Der scharfe Teil einer Chili ist die Plazenta. In ihrer Umgebung befinden sich die Samen. Die Samen selbst sind nicht scharf, aber das Capsaicin wird auf die Oberfläche der Samen der Plazenta abgegeben, daher hält sich der Mythos, die Chilisamen seien scharf.

Die Messung der Schärfe:

Im Jahr 1912 entwickelte der amerikanische Apotheker Wilbur Scoville ein Verfahren mit dem Namen „Scoville Organoleptic Test", um die Schärfe von Chili zu messen. Die Schärfe wird in „Scoville Heat Units" (SHU) benannt. Heute wird der Capsaicingehalt mittels Gaschromatographie gemessen.

Berühmte Chili-Züchter:

Die amerikanischen Präsidenten George Washington und Thomas Jefferson züchteten Chilis in großem Stil.

Wenn's mal brennt:

Trinken Sie kein Wasser oder kohlensäurehaltige Getränke. Der scharfe Stoff der Chili (Capsaicin) ist fettlöslich, also trinkt man am besten Vollmilch. Das Fett in der Milch löst das Capsaicin und spült es weg. Joghurt und Quark helfen auch.

Chili und Verbrennungsschmerzen

Auch, wenn es sich so anfühlen mag, man kann sich mit Chili nicht verbrennen oder verletzen. Der Schmerz ist eine Illusion, die durch das Capsaicin hervorgerufen wird. Das Capsaicin ist ein Botenstoff und dockt an den Schmerzrezeptoren im Mund an. Diese suggerieren dem Gehirn eine „Verbrennung".

Chili und Gesundheit:

Chili und somit auch unsere wohlbekannte Paprika sind frei von Cholesterin, haben nur wenig Natrium und Kalorien, sind reich an Vitamin A und C und eignen sich gut als Lieferant für Folsäure, Kalium und Vitamin E. Chili enthält pro Gramm mehr Vitamin C als Zitrusfrüchte.

Chili und Aberglaube:

In Südindien ist es üblich, einige Chilis mit einer Zitrone über der Türschwelle des Hauses anzubringen, um das Böse abzuwehren.
In Sizilien bekommen jungverheiratete Männer ein Amulett in Form einer Chili um den Hals gehängt. Chili soll den Träger vom Fremdgehen abhalten.

Die Lust am Scharfen:

Der ausgelöste Schmerz bewirkt, dass das Gehirn zur Schmerzlinderung Endorphine, also körpereigenes Morphin, freisetzt. Dies führt zu einem Gefühl des Wohlbefindens und kann sogar ganz leicht süchtig machen. Endorphine regeln Empfindungen wie Schmerz und Hunger. Sie stehen in Verbindung mit der Produktion von Sexualhormonen und werden mitverantwortlich gemacht für die Entstehung von Euphorie.

Schärfe und Geschmackssinn:

Scharfes Essen wirkt sich nicht negativ auf den Geschmackssinn aus, ganz im Gegenteil. Nach einer kurzen Gewöhnungsphase nimmt man die unterschiedlichsten Geschmacksnuancen von Nahrungsmitteln viel intensiver wahr. Das Geschmacksempfinden wird intensiver und ausgeprägter.
Millionen Asiaten können sich nicht irren. Auch viele gute Köche essen sehr scharf.

Chili in der Medizin:

Chili wird als Naturheilmittel seit Jahrhunderten zur Behandlung zahlreicher Krankheiten verwendet. Chilischoten helfen der Verdauung, hemmen außerdem das Wachstum einiger pathogener Bakterien in Lebensmitteln und erhöhen den Stoffwechsel des Körpers. Die Mayas rieben Peperoni auf ihr Zahnfleisch, um so gegen Zahnschmerzen und Entzündungen vorzugehen. Die Inkas haben ihre Sehkraft durch den Verzehr von Chilis verbessert. In Mexiko schätzt man Chilis als probates Mittel gegen den „Kater" nach ausgiebigen Feiern. Heute wird Chili in der Schulmedizin bei Durchblutungsstörungen, Halsentzündungen, Muskelverspannungen und bei verschiedenen Krebstherapien verwendet. Und die Liste wird stetig länger.

Schärfegrade

CAPSICUM CHINENSE	
über 1.500.000 Scoville	Trinidad Moruga Scorpion
über 1.000.000 Scoville	Trinidad Scorpion
350.000–900.000 Scoville	Bhut Jolokia
350.000–550.000 Scoville	Red Savina
100.000–350.000 Scoville	Habanero

CAPSICUM PUBESCENS	
50.000–100.000 Scoville	Rocoto

CAPSICUM FRUCTESCENS	
50.000–140.000	Bird's Eye Chili
2.500–10.000 Scoville	Peri Peri
1.000–30.000 Scoville	Tabasco Chili

CAPSICUM BACCATUM	
15.000–30.000 Scoville	Aji Amarillo
15.000–30.000 Scoville	Lemon Drop

CAPSICUM ANNUUM	
30.000–50.000 Scoville	Cayennepfeffer
2.5000–5.000 Scoville	Jalapeño
100–500 Scoville	Peperoni aus Italien
0 Scoville	Gemüsepaprika

Achtung: Scoville-Werte werden immer aus der getrockneten Frucht ermittelt.

Die verschiedenen Schärfegrade sind in einer Skala von 0–10 eingeteilt. Bei den jeweiligen Chilis finden Sie den Schärfegrad, der sich auf die genannte Skala bezieht.

CAPSICUM ANNUUM

Dazu gehört die nichtscharfe **Gemüsepaprika** (Schärfe 0)

Peperoni aus Italien und **Jalapeño** aus Mexiko, **Cayenne** aus Südamerika und **Thai Chili** aus Asien. Diese Chilis erreichen die Schärfe 1–6.

Jalapeño

CAPSICUM BACCATUM

Diese Chilis haben ein sehr intensives Aroma und verbreiten einen kräftigen Duft.

Hierzu zählen der **Aji Amarillo** mit der Schärfe 6.

Aji Amarillo

Aji Cuencano Schärfe 7.

Lemon Drop Schärfe 7.

CAPSICUM CHINENSE

Sie ist die schärfste Art in der Familie der Chilis. Chilis dieser Art erkennt man sofort am unvergleichlichen Duft. Wer diesen einmal in der Nase hatte, vergisst ihn nie wieder. Die verschiedenen Sorten heißen Habanero, Scotch Bonnet, Congo und Seasoning Pepper.

Die bekanntesten sind **Habanero Chocolate** Schärfegrad 10

Habanero **Red Savina** Schärfegrad 10

Scotch Bonnet Schärfegrad 10

+

Naga Jolokia oder **Bhut Jolokia** Schärfe 10+

+ +

Die neueste Züchtung **Trinidad Scorpion** hat die Schärfe 10++.

Habanero

CAPSICUM FRUCTESCENS

Peri Peri Schärfe 3–6.

Hierzu zählt der berühmte **Tabasco Chili** mit der Schärfe 8–9.

Tabasco Chili

CAPSICUM PUBESCENS

Der bekannteste Chili dieser Art ist der **Rocoto** mit der Schärfe 6–9.

Rocoto

Da diese Art schwarze und dunkelbraune Samen enthält, empfehle ich diese Chilis nicht unbedingt für Saucen im Caribbean Style, da die schwarzen Samen nicht so schön aussehen. Auch sollte man bei Eigenanbau und Züchtung beachten, dass sich die Arten untereinander schnell kreuzen und ungewollte Erbeigenschaften schnell auf andere Chilisorten übergehen.

Aus dem Nähkästchen eines Chili-Experten

Wie ist es möglich, dass in Deutschland mehr Chili verkauft als eingeführt wird?
Nicht alles, was im Supermarktregal als Chilipulver ober Chiliflocken angeboten wird, ist auch tatsächlich Chili, so wie man es erwarten würde.

INSIDER INFORMATION!

Dazu muss man folgendes wissen: Industriell hergestellte (vermahlene Gewürze) werden in großen Hallen, in denen Mühle an Mühle steht, gemahlen und verpackt.
Wird nun getrockneter Chili vermahlen, würden die anderen Mühlen und Gewürze mit der Schärfe des feinen Chilistaubs kontaminiert. Um dies zu verhindern und um die Produktionskosten auf ein Minimum zu beschränken, hilft man der Natur etwas nach:

Normale rote Gemüsepaprika ohne Schärfe aus der Familie *Capsicum annuum* wird gemahlen oder zu Flocken verarbeitet. Danach wandert sie in einen weit entlegenen Gebäudeteil. Dort kommt das Paprikapulver in eine große Mischtrommel und wird mit Oleoresin Capsaicin (Natürlicher Chiliextrakt) besprüht. Dadurch erhält nun die unscharfe Paprika eine tolle rote Farbe und je nach Intensität der Besprühung auch ihre Schärfe. Pulver kann man optisch eigentlich nicht unterscheiden, Flocken schon. Denn keine Chiliflocke gleicht in der Natur der anderen. Die industriell gefertigte Chiliflocke sieht aber immer gleichmäßig gefärbt aus, auch liegt beim Verzehr der Industrieflocke immer eine gewisse „Süße" auf der Zunge. Das einzig wirkliche

Echtheitszeichen ist der Preis. Echtes Chilipulver kostet ein mehrfaches der industriell hergestellten Produkte und in der Zutatenliste wird auf die genaue Bezeichnung des verwendeten Chilis hingewiesen. Man sollte beim Kauf auch auf den prozentualen Anteil an Chili achten, denn Billigware wird bis zu 70 % mit Salz, Sand, Asche und Zellulose gestreckt.

Schummeln die Saucenhersteller bei den Angaben zu den Scoville-Werten der hergestellten Saucen?

Diese Frage ist nicht ganz einfach zu beantworten. Wenn man bedenkt, dass die Höhe der Scoville-Werte oft über die Höhe der Verkaufszahlen entscheidet, ist natürlich jeder Hersteller bemüht, möglichst hohe Scoville-Angaben machen zu können. Ich kenne niemanden, der seine Scoville-Angaben auf die Flasche druckt. Meist werden diese Scoville-Werte über Internet-Shops publik gemacht. Diese Angaben werden in der Regel etwas geschönt, da im Normalfall niemand einen Gaschromatographen zur Kontrolle auf dem Küchentisch stehen hat und nur sehr wenige Menschen auf die Schmerzerfahrung von echten 100.000 Scoville zurückgreifen können. Meine Erfahrung zeigt, dass meist um ein Vielfaches (bis zum Faktor 10) übertrieben wird. Jedoch tut das der eigentlichen Sache keinen Abbruch, denn auch diese Saucen sind unsäglich scharf, auch wenn sie nicht die angegebenen Werte erreichen. Einen Anhaltspunkt geben sie immer. Ehrlich dagegen sind die Angaben, die sich auf Schärfestufen von 1–10 oder 1–20

berufen, hier kann sich jeder auf das einstellen, was ihn erwartet. Leider haben übertriebene Schärfegrade und Effekthascherei, wie die nicht erlaubte Abgabe von extremen Extrakten an den Endverbraucher und durch die Verwendung von nicht zugelassenen Stoffen wie z. B. chemisch reines Capsaicin, zur Verschärfung von Gesetzen geführt. Nun befassen sich die Bundesländer und die EU damit, ob und wie viel Schärfe dem Verbraucher zugemutet werden darf. Dies wird hoffentlich nicht zur Folge haben, dass wir eines Tages nur noch genormte Schärfe zu uns nehmen dürfen.

Rezepte

Die Schwierigkeitsgrade der Zubereitung sind mit ⭐ markiert.

⭐ sehr leicht   ⭐ ⭐ ⭐ sehr schwierig

Chillessig

Die einfachste Art, eine Chili-„Sauce" selbst herzustellen. Geht schnell und gelingt immer. Der Essig eignet sich ganz besonders zum Würzen. Besonders originell und dekorativ ist das Ergebnis, wenn man eine schöne Flasche oder ein anderes Glasgefäß dazu benutzt.

ZUTATEN FÜR 250 ML

100 g frischer Chili, Sorte nach Geschmack

200 ml Essig, mindestens 5% Säure

GEHEIME ZUBEREITUNG

Prinzipiell kann man jeden Chili verwenden. Man muss allerdings beachten, dass grüner Chili innerhalb von 24 Stunden seine Farbe verändert und recht unansehnlich wird. Rote, gelbe oder orangefarbene Chilis behalten dagegen für längere Zeit ihre schöne Farbe.

Zunächst schneidet man die Chilis in dekorative Ringe, Streifen oder Würfel, das sieht in der Flasche besser aus. Dann füllt man die Glasflasche bis zur Hälfte mit Chili und gibt bis 2 cm unter den Rand Essig dazu. Danach die Flasche leicht verschliessen, jedoch noch nicht luftdicht, und an einem dunklen Ort (z. B. Kühlschrank oder Küchenschrank) für 10 Tage ruhen lassen.

Nach der Ruhezeit ist die einfachste Chilisauce der Welt fertig. Durch die Zugabe von frischen Knoblauchzehen oder Kräutern kann man den Geschmack variieren. Nach Gebrauch sollte die Flasche immer zugeschraubt und im Kühlschrank gelagert werden.

Chiliöl

Genauso einfach wie in Essig eingelegter Chili lässt sich Chiliöl zubereiten. Chiliöl eignet sich besonders gut zum Marinieren, Würzen und Braten. Besonders gut harmoniert es mit Meeresfrüchten, Gemüse und Salaten.

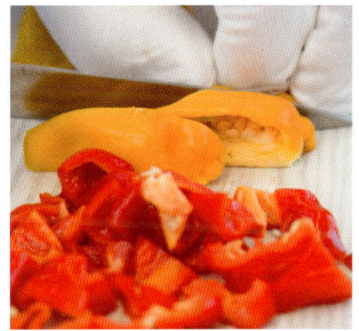

ZUTATEN FÜR 250 ML

100 g frischer Chili

200 ml hochwertiges Pflanzenöl

GEHEIMNE ZUBEREITUNG

Auch bei diesem Rezept kann man jeden Chili verwenden. Man muss allerdings beachten, dass grüner Chili innerhalb von 24 Stunden seine Farbe verändert und recht unansehnlich wird. Rote, gelbe oder orangefarbene Chilis behalten jedoch für längere Zeit ihre schöne Farbe.

Zunächst schneidet man die Chilis in dekorative Ringe, Streifen oder Würfel und füllt die Glasflasche bis zur Hälfte damit. Dann gießt man die Flasche bis 2 cm unter den Rand mit Öl auf und lagert sie für 10 Tage an einem dunklen Ort (z. B. Kühlschrank oder Küchenschrank) Nach dieser Ruhephase ist das Chiliöl verzehrfertig und kann durch die Zugabe von Knoblauch oder Kräutern verfeinert werden. Nach Gebrauch sollte die Flasche immer gut zugeschraubt und nicht in den Kühlschrank gestellt werden, denn dort wird das Öl unansehnlich und fest. Am besten dunkel und nicht zu warm lagern.

Chilisauce nach Louisiana Art

Normalerweise wird diese Sauce mit frischen Chilis hergestellt, die fermentiert werden. Die Herstellung der echten Louisiana Sauce erfordert einen höheren Aufwand. Man kann aber mit der gekochten Variante leichter ans Ziel kommen.

ZUTATEN FÜR 1 LITER

1 kg Chilis (je schärfer, desto besser)

500 ml Essig

5 gehäufte TL Salz

GEHEIME ZUBEREITUNG

★ ★ ☆ ☆ ☆ ☆

Die Chilis von den grünen Stielen befreien und kleinschneiden. Die Chilis zusammen mit dem Essig, dem Salz und 500 ml Wasser in einen Topf geben und 30 Minuten kochen lassen.

Das Ganze mit einen Mixstab fein pürieren und danach noch einmal 5 Minuten kochen lassen. Bei Bedarf etwas Wasser hinzufügen. Die Sauce heiß durch ein Sieb passieren und in Flaschen abfüllen.

Wenn die Sauce zu dick sein sollte, kann man sie mit Essig etwas verdünnen.

Original Louisiana-Hot-Sauce

Die Original Louisiana-Hot-Sauce wird aus frischen rohen Chilis hergestellt und nicht gekocht. Daher muss man bei der Herstellung sehr gewissenhaft vorgehen. Die Chilis werden vergoren (fermentiert), was die Herstellung sehr zeitaufwendig macht.

ZUTATEN FÜR 1 ½–2 LITER

1 kg frische Chilis

60 g Salz

4 EL Sauerkrautsaft oder Brottrunk

1 ½ l Essig

GEHEIME ZUBEREITUNG ★ ★ ★ ★ ★ ★

Die Stiele der Chilis entfernen, die Chilis säubern, kleinschneiden und mit 100 ml Wasser und dem Salz sehr fein mixen. Man muss sehr vorsichtig sein, dass nichts ins Auge geht! Dann den Saft von frischem Sauerkraut oder den Brottrunk hinzufügen. Die darin enthaltenen Milchsäurebakterien beschleunigen den Beginn des Gärprozesses.

Das nun sehr dicke Mus in Flaschen abfüllen. Achtung: Die Flaschen maximal zur Hälfte füllen, denn die Sauce beginnt nach wenigen Tagen sehr stark zu schäumen. Nun kommt ein Gärverschluss auf die Flaschen, der nur leicht aufgesetzt wird, damit Gase entweichen können. Die Flaschen für 2 bis 4 Wochen bei Raumtemperatur lagern.

Der Gärprozess ist abgeschlossen, wenn sich kein weiterer Schaum mehr bildet.

Jetzt streicht man die Sauce durch ein Sieb und vermischt sie im Verhältnis 1:2 mit Essig. Je nach Geschmack, gewünschter Konsistenz und Schärfe kann man auch nur im Verhältnis 1:1 Essig zufügen oder diesen auch ganz weglassen.

Zuletzt wird die Sauce in kleine Flaschen abgefüllt und verschlossen – und fertig ist die Original Louisiana-Hot-Sauce. Durch den Gärprozess ist die Chilisauce lange Zeit haltbar.

Caribbean-Habanero-Sauce

Dies ist mein absoluter Favorit unter den Chilisaucen. Für mich die beste Art und Weise, Chilisaucen zuzubereiten. Grundbestandteil ist immer Chili, dann kann man seiner Phantasie freien Lauf lassen. Ob Zwiebeln, Bananen, Mango (oder auch andere Früchte) – man kann nichts falsch machen und es schmeckt immer. Die Saucen sind durch diese Art der Zubereitung sehr bekömmlich und man kann immer neue Variationen ausprobieren.

ZUTATEN FÜR CA. 2 LITER

5-8 EL Öl

500 g Chilis

500 g Mango, gewürfelt

250 ml Essig

2 große Zwiebeln, gewürfelt

2 Knoblauchzehen, geschält
  und in Scheiben geschnitten

Saft von 3 Zitronen oder
  Limetten

4-5 TL Salz

1 TL Pfeffer

1-2 TL Kumin

1-2 TL Koriander

GEHEIME ZUBEREITUNG   ★★★★☆☆

Die Chilis kleinschneiden, Öl in einen Topf geben und die Zwiebeln und den Knoblauch im heißen Öl glasig werden lassen. Bevor die Zwiebeln braun zu werden beginnen, mit 2 ½ Liter Wasser ablöschen. Die Chilis und die Mangowürfel dazugeben. Zitronensaft, Essig und Gewürze einrühren. Alles zusammen ca. 30 Minuten kochen lassen. Wenn die Chilis weich sind, alles mit einem Pürierstab sehr fein mixen. Sollte die Konsistenz zu dünn sein, alles noch etwas einkochen lassen. Danach noch heiß in Flaschen abfüllen und sofort verschließen. Die Sauce ist nun ungeöffnet mindestens 1 Jahr haltbar.

GEHEIMTIPP! Weitere Gewürze, die sehr gut dazu passen, sind z. B. Piment, Kardamom, Zimt, Fenchel, Ingwer und Zucker.

Hot-Chili-Salsa
„Die Mutter aller Salsas"

Eins vorweg: Diese Salsa ist nichts für schwache Zungen. Die Schärfe, aber auch der Geschmack sind einfach umwerfend. Die Salsa eignet sich zu allem, wird frisch zubereitet und zu kaltem Braten und heißem Kurzgebratenen gereicht.

ZUTATEN FÜR 10 PORTIONEN	GEHEIME ZUBEREITUNG ★ ★ ★ ☆ ☆ ☆
500 g feste, frische Tomaten (oder 1 Dose – 850 ml – geschälte, gewürfelte Tomaten)	Zunächst werden die Tomaten geschält. Wem das zu aufwendig ist, verwendet Tomatenwürfel aus der Dose. Zum Enthäuten eine ausreichend große Schüssel mit kaltem Wasser bereit-
250 g verschiedenfarbige Chilis	halten, in die alle Tomaten hineinpassen. Einen Topf Wasser
200 g Zwiebeln	zum Kochen bringen, in der Zwischenzeit die Strünke der
1 Salatgurke	Tomaten entfernen und auf der gegenüberliegenden Seite
2–3 Knoblauchzehen	kreuzförmig einschneiden. Mit einer Schaumkelle jede Tomate
2 Zitronen oder Limetten	einzeln jeweils 10 Sekunden in das kochende Wasser eintau-
50 ml Essig	chen, herausnehmen und sofort in die Schüssel mit kaltem
50 ml Öl	Wasser legen. Nach und nach alle Tomaten so behandeln.
2–3 TL Salz	Jetzt kann man die Haut ganz leicht abziehen. Die Tomaten
$\frac{1}{2}$ TL Pfeffer	vierteln, das Innere des Tomatenfleischs herausschneiden
2 EL Zucker	und in eine Schüssel geben. Das Tomatenfleisch in gleichmä-
1 Bund Gartenkräuter	ßige Würfel schneiden und in eine zweite Schüssel geben. Die
	Salatgurke schälen, der Länge nach halbieren, das weiche
	Innere mit einem Esslöffel herausschaben und ebenfalls in
	die Schüssel zu den Tomateninnereien geben.
	Die Chilis, die Zwiebeln und die Salatgurke in kleine Würfel
	schneiden. Mit einem Mixer die Tomaten- und Gurkeninnereien
	fein pürieren. Nun Essig, Öl, Salz, Zucker, Zitronensaft und
	Pfeffer hinzugeben und alles gut miteinander vermengen.
	Die gewürfelten Tomaten, Chilis, Gurken und Zwiebeln in
	den pürierten Fond geben, nach Geschmack Knoblauch fein
	hacken und zugeben. Zum Schluss mit gehackten Garten-
	kräutern verfeinern.

Chili-Chutney mit Mango

Chili-Mango-Chutney darf bei keinem Grill-Event fehlen. Es gibt vielerlei Varianten der Zubereitung. Die hier beschriebene Version schmeckt nicht nur richtig gut, sie sieht auch erstklassig aus. Generell passen Chutneys gut zu allen Arten von Fleisch, Wild, Fisch und Geflügel, aber auch zu kaltem Braten, Käse und Reisgerichten.

ZUTATEN FÜR CA. 1,2 LITER

GEHEIME ZUBEREITUNG

ZUTATEN FÜR CA. 1,2 LITER	GEHEIME ZUBEREITUNG
(das entspricht etwa 4–5	Die Chilis kleinschneiden. Den Essig mit 200 ml Wasser
Einmachgläsern à 250 ml)	aufkochen. Die Zwiebeln und die Chilis dazugeben und
	zugedeckt 15–25 Minuten weich kochen. Die Mango, den
500 g Chilis	Zucker und die Gewürze zufügen und gut vermengen und
200 g Zwiebeln, fein gewürfelt	danach ca. 10–20 Minuten einkochen lassen.
250 g Mango, gewürfelt	Wenn die Konsistent ähnlich der einer Marmelade ist,
500 g Zucker	in Gläser abfüllen und gut verschließen.
150 ml Essig	Das Chutney ist im Kühlschrank ca. 1–3 Wochen haltbar.
2 EL Ingwer	Statt Mango eignen sich auch Äpfel, Bananen, Birnen
1/2 TL Koriander	oder Pfirsiche.
1/2 TL Kreuzkümmel	
1/2 TL Zimt	
1/2 TL Bockshornklee	
1/2 TL Kardamom	

Chili-Jam (Chilikonfitüre)

Chili-Jam ist in den USA äußerst beliebt als Dip zu gegrillten Hähnchenteilen und nicht zu verwechseln mit den milden asiatischen Sweet & Hot Chilisaucen. Er ist, je nach verwendetem Chili, äußerst scharf und wohlschmeckend. Natürlich kann man Chili-Jam auch zum Würzen von anderen Speisen verwenden. Ich nehme es sehr gerne zum Abschmecken von Reispfannen.

ZUTATEN FÜR CA. 2 LITER

(das entspricht etwa 8 Einmachgläsern zu je 250 ml)

1 kg Chilis
1 kg Gelierzucker
100 ml Zitronensaft

GEHEIME ZUBEREITUNG

Die Chilis waschen, von den grünen Stängeln befreien, halbieren und die Kerne entfernen.
Dann in feine Würfelchen schneiden oder im Mixer mittelfein mixen.
Die Masse in einen Topf geben und mit 100 ml Wasser, dem Zitronensaft und dem Gelierzucker vermengen.
Das Ganze unter ständigem Rühren 30 Minuten kochen. Noch heiß in Marmeladengläser abfüllen und sofort verschließen. Wenn man den Jam immer schichtweise in die Gläser füllt, bleiben die Chilistückchen in der Schwebe.

Mittelscharfen Senf mit etwas Chilisauce vermischen und schon hat man scharfen Senf.

Essiggurken werden scharf, wenn man eine Chilischote mit ins Glas gibt.

Oliven werden feurig, wenn man Chilisauce oder frische Chilischoten mit ins Glas gibt.

Joghurt mit 1 EL Honig und ½ TL Caribbean-Habanero-Sauce – lecker ...

Bei Erkältungen, Einschlafschwierigkeiten und kalten Füßen hilft ein Glas lauwarme Milch mit 2 EL Honig und ½ TL selbstgemachter Chilisauce. (oder Chilisauce von Hot Mamas)

Marmelade schmeckt besonders gut mit einem Spritzer selbstgemachter Chilisauce.

Frischkäse mit Chili vermischt, bringt den richtigen Kick.

Kirschlikör oder Creme Cassis wird durch einen Schuss Chilisauce geadelt.

Sauer eingelegtes Gemüse bekommt durch Chili den richtigen Pepp.

Eine Chilischote im Reis mitgekocht ergibt eine feine Würze.

Heiße Schokolade wird mit einem ½ TL Caribbean-Habanero-Chilisauce erst exotisch.

Der langweiligste Doseneintopf wird mit einem Schuss Chili zum Erlebnis.

Kartoffeln in Rote-Beete-Saft mit ein oder zwei Chilischoten kochen – und fertig sind die roten Chilikartoffeln.

Verwendung von *Chili*

Schokoladenpudding mit **Himbeersauce** und einigen Tropfen Caribbean-Habanero-Chilisauce schmeckt lecker.

Vanilleeis mit Erdbeeren und einigen Tropfen Caribbean-Habanero-Chilisauce schmeckt nach Eis und heiß.

Eine einfache Nudelsuppe wird mit einem Teelöffel Chilisauce zur Asia-Suppe.

Ketchup wird feurig, wenn man ihn mit Chilisauce würzt.

Gesetzesvorschriften

Chilisaucen im Flugzeug:
Die Beförderung von Chilisaucen in der Passagierkabine ist strikt verboten.
Ganz neu ist auch das Verbot, Capsaicin Oleoresin (Chiliextrakt) als Luftfracht zu versenden.

Verwendung und Abgabe von Extrakten:
Die Gesetzeslage ist derzeit nicht eindeutig. Die Verwendung zur Lebensmittelherstellung im gewerblichen Bereich ist erlaubt. Der Verkauf an den Endverbraucher unterliegt Empfehlungen der Länderregierungen. Derzeit ist die Abgabe von Extrakten über 1 Million Scoville zwar nicht verboten, jedoch stehen diese Produkte unter Beobachtung. Sollte sich ein Verbraucher durch die Verwendung dieser Produkte Verletzungen zufügen, wird der Verkäufer haftbar gemacht und strafrechtlich verfolgt. Die Strafen hierfür sind immens hoch. Der Tatbestand entspricht einer vorsätzlichen gefährlichen Körperverletzung und kann sogar mit Haftstrafe belegt werden. Chemisch reines Capsaicin ist der Medizin und dem Militär vorbehalten. Die Verwendung in der Lebensmittelherstellung ist gesetzlich verboten. Chemisch reines Capsaicin ist waffenfähig und unterliegt dem Waffengesetz. Der Verkauf an Privatpersonen ist verboten. Derzeit beträgt der Preis für 1 kg reines Capsaicin 7000 bis 10.000 Euro, die Transportkosten nicht eingerechnet. Diese können, je nach Menge und Transportbedingungen, noch einmal dieselbe Summe betragen.

Quellen: Das Chili Pepper Buch von Harald Zoschke, ISBN 978-3-937862-02-6
www.chili-balkon.de
www.swampyacresfarm.com/RandomPepperFacts.html
de.wikipedia.org/wiki/Scoville-Skala

Bekannte Chilisaucen &

USA

TABASCO – McIlhenny/Avery Island/Louisiana

Seit 1868 produziert das Familienunternehmen McIlhenny die berühmte Tabasco-Sauce.
Und ist unbestrittener Weltmarktführer. Tabasco wird in 164 Länder exportiert.

Neben den großen Herstellern gibt es in fast jeder amerikanischen Stadt einen
örtlichen Saucenhersteller. Das sind kleine Manufakturen, die sich durch ständig
wechselnde Rezepturen und außergewöhnliche Namensgebungen mit ihren Saucen
von der breiten Masse abheben.
Hier die bekanntesten:

CAJOHNS – Columbus/Ohio/USA

Der Gründer von Cajohns – John Hard – ist mein größtes Vorbild und zählt
zu meinen persönlichen Freunden. Seit 1996 produziert John Saucen. In
Europa ist er unter anderem mit der Sauce Black Mamba und Vicious Viper
berühmt geworden. Bemerkenswert ist, dass diese Sauce ursprünglich
von Harald Zoschke stammt, der in den USA eine Saucencompany hatte. Er
verkaufte sein Geschäft in den USA an Cajohn und kehrte nach Deutschland
zurück. In Deutschland eröffnete er Pepperworld, einen Hot-Sauce-Shop,
betrieb diesen jahrelang sehr erfolgreich und ist unter anderem der Autor
des Buches „Das Chili Pepper Buch".
Mittlerweile hat er sein Geschäft verkauft und widmet sich ausgiebig
dem Schreiben. In Deutschland ist er eine Koryphäe in Sachen Chili.

DAVES GOURMET – San Francisco/Californien/USA, Besitzer Dave Hirschkop

Der Erfinder der Ultra Hot Sauces. Dave war der Erste,
der Chili-Extrakt in seinen Saucen verwendete und
deswegen bei der Fiery Food Show in New Mexiko wegen vielfacher Beschwerden – nämlich weil die Sauce
eine bis dahin nicht gekannte Schärfe hatte – von der
Messe verwiesen wurde. Dies ging durch die Presse und
damit war er quasi über Nacht berühmt. Jeder wollte
seine Sauce haben, die dann unter dem Namen „Daves
Insanity Sauce" weltberühmt wurde.

kleinere Manufakturen

BLAIR'S – Long Branch/New Jersey

Seit 1989 produziert Blair Lazar seine
ultrascharfen Death und Mega Death Saucen.
Er ist ein Urgestein in der Hot Sauce Szene.

Deutschland

HOT MAMAS –
Pforzheim/Baden-Württemberg

Seit 2006 gibt es Deutschlands erste
Hot Sauce Manufaktur. Hot Mamas
Saucen werden nur in den typischen
Flachmann-Flaschen ausgeliefert.
In der Manufaktur wird auch die
schärfste verkehrsfähige Sauce
Europas hergestellt. Sie trägt den
Namen Painmaker Hardcore.
Um an der Fiery Food Show teil-

nehmen zu dürfen, gründete ich in den USA die Firma Chili Police, Spicy food company. Dort stellte
ich die deutsche Sauce mit Namen „Painmaker Hardcore" vor. Sie ist so scharf, dass schon nach kurzer
Zeit Sanitäter einigen Hyperventilierenden Erste Hilfe leisten mussten. Zuerst wollte man deshalb
unserem Team aus Deutschland die weitere Teilnahme verweigern, schließlich durften wir bleiben
– allerdings unter Bewachung. Als der örtliche Fernsehsender davon berichtete, waren am nächsten
Tag unzählige Fernsehteams vor Ort und diese Medienresonanz sollte nicht folgenlos bleiben. Die
Messe wurde von tausenden Besuchern förmlich überrannt und die Menschen standen stundenlang
Schlange, um die Sauce zu testen. Der Begriff Pain Train war geboren. Auf einer darauf folgenden Tour
quer durch die USA entdeckte ich in einem kleinen texanischen Ort an der Route 66 eines der ältes-
ten BBQ-Saucen-Rezepte. Auf Basis dieser Rezeptur werden fast alle Grill- und BBQ-Saucen in meiner
Manufaktur hergestellt.

Messen und Veranstaltungen

Fiery Food Show/Albuquerque/New Mexico/USA

Unter der Schirmherrschaft des Chili-Papstes (Pope of Chilis) Dave de Witt, findet seit 26 Jahren in Albuquerque/New Mexico/USA die National Fiery Foods & BBQ Show statt. Diese Messe für scharfe Lebensmittel ist seit jeher die wichtigste Plattform für Hot Sauce Produzenten aus der ganzen Welt.

Die Show findet jährlich Anfang März statt. Dave de Witt hat unzählige Bücher über Chili geschrieben und ist die Koryphäe in Sachen Chili weltweit. Wer die verrückte Welt der „scharfen" Saucenhersteller live erleben will, der muss einfach dorthin.

Zest Fest/Irving/Texas

Das letzte Wochenende im Januar steht in Texas ganz im Zeichen der Schärfe. Wer zu dieser Zeit gerade seinen USA-Urlaub in Texas verbringt, sollte unbedingt dort vorbeischauen. Das Fest ist zwar nicht so berühmt wie die Fiery Food Show in Albuquerque, doch trifft man dort bestimmt die gleichen Aussteller.

Cajun Hot Sauce Festival/Sug Arena/Acadiana Fairgrounds/New Iberia/Los Angeles

15.000 Besucher kommen an einem Wochenende hierhin, um bei Cook-Offs, Schärfewettessen und vielem mehr dabei zu sein.

New York City Hot Sauce Expo/East River State Park/110 Kent Ave/Brooklyn/New York

Klein aber fein. Immer im April mit Live-Musik, viel Alkohol, Esswettkämpfen, BBQ und vielem mehr. Wenn man gerade in New York ist, sollte man unbedingt einen halben Tag einplanen und das verrückte Treiben beobachten.

Midwest Wing Fest/St. Claire Aquare Mall/Fairview Heights/Illinois

Bis zu 40.000 Besucher stürmen Ende August die Mall und essen Chicken Wings in allen Variationen. Es ist kaum vorstellbar, welche Mengen an Hühnerflügeln verzehrt werden. Ein buntes Rahmenprogramm mit vielen Aktionen begeistert das Publikum.

Geheimtipps: Ohio/USA

⭐ Mitte Februar findet das **North Market Fiery Foods Festival/Columbus/Ohio** statt. In heimeliger Atmosphäre gibt es vom Show-Kochen über BBQ-Contests bis zu Schärfe-wettessen jede Menge Veranstaltungen.

⭐ Anfang Oktober steht in **Cincinnati/Ohio das Jungle Jim's Weekend of Fire** auf dem Kalender. Jungle Jim's ist ein Supermarkt der Superlative. Sieht aus wie ein Zoo, lebensgroße Tiere aus Kunststoff, ein echter Fischkutter in der Fischabteilung, auf den Regalen für scharfe Saucen steht ein echter Fire Truck. Einzigartig auf der Welt. Es treffen sich dort alle wichtigen Hot Sauce Hersteller der USA. Viel Show und Un-terhaltung. Das muss man gesehen haben.

⭐ Bei **CaJohns/816 Green Crest Dr. Westerville/Columbus/Ohio** kann man das ganze Jahr über einfach mal vorbeifahren und die Legende persönlich kennenlernen. Es gibt viel zu sehen und man kommt schnell ins Gespräch. Nach John oder Sue fragen und liebe Grüße von mir (Painmaker und der Chili Police) ausrichten und Sie werden herzlich empfangen.

Blogger

⭐ **Al Buddah Goldenberg (ILoveitSpicy.com)**
Al kenne ich am längsten, er gibt viele Hintergrundinfos und ist ständig auf dem Laufenden. Seriös, lustig und ehrlich. Es gibt wahrscheinlich niemanden aus der Saucen-Szene, den er nicht kennt.

⭐ **Scott Roberts** (ScottRobertsWeb.com) ist gut organisiert und seine Infos sind hilfreich.

⭐ **Ted Barrus, The Fire Breathing Idiot** (bei Youtube tedbarrus), ist ein verrückter Typ, schonungslos und offen. Seine Postings sind sehenswert. Es ist bemerkenswert, wie viele Schmerzen er aushalten kann. Auf jeden Fall ist man immer über die neuesten Saucen und ihre Auswirkungen informiert.

... und für alle, die es nicht ganz so scharf mögen, geht es nun weiter mit Grill- & BBQ-Saucen ...

Grillen
ist Männersache

Irgendwann an einem lauen Dienstag vor einer Million Jahren, so die Legende, wurde das Feuer von Herrn *Homo rudolfensis* entdeckt und damit begann das erste BBQ der Menschheit. Denn den erlegten Mammut musste man ja irgendwie garen und das tat man auf dem Boden hockend am Steinzeitgrill.
Die Frau hat sich seitdem weiterentwickelt und kocht heute am computergesteuerten Induktionsherd, mit Mikrowellen und im Niedertemperaturofen.

Es scheint also, die Evolution des Mannes reduziere sich darauf, das Lagerfeuer in eine auf drei Beinen stehende Metallkugel umzusiedeln und dies auch nur, weil man(n) zwischenzeitlich aufrecht geht und das Bücken schwerfällt.

Warum sollte sich die Frau also benachteiligt fühlen?
Jede starke Frau wünscht sich einen starken Mann an ihrer Seite. Sie möchte, dass er an einem Tag der Herrscher, Gebieter und Macho ist, denn die restlichen sechs Tage der Woche bestimmt sie über Weh und Wohl des Mannes, lenkt seine Geschicke, verwaltet sein Geld und entscheidet, welche Hobbys gut für ihn sind.
Ich gehe so weit zu behaupten, dass das Grillen die Erfindung der Frauen ist, um die Männer in ihrem Glauben zu lassen, dass sie Herr im Haus sind.
Da Liebe bekanntlich durch den Magen geht, kann man(n) nicht genug wissen über die Geheimnisse der Zubereitung von Saucen.

Die Bedeutung des Wortes:
BBQ/Barbecue

Ursprünglich kommt das Wort vom mexikanisch-spanischen Begriff *barbacoa*, das sich aus dem Taíno-Wort *buccan* ableitet und früher ein Holzgerüst bezeichnete, auf dem die Taíno Fleisch über dem offenen Feuer zubereiteten. Die erste schriftliche Erwähnung von *barbacoa* findet sich in Gonzalo Fernández de Oviedos „De la historia General y Natural de las Indias" von 1526. Verbreitet war die Zubereitungsmethode des langsamen Erwärmens von Fleisch im Rauch zur Zeit der spanischen Eroberung Amerikas in der ganzen Karibik und die Festlandküste entlang bis nach Brasilien. So kannte schon Bernal Díaz del Castillo, der mit der „Wahrhaften Geschichte der Eroberung von Neuspanien" einen Augenzeugenbericht über die spanische Eroberung in den Jahren von 1519 bis 1521 verfasste, das *barbacoa*. Díaz del Castillo bezeichnete mit dem Begriff aber Fleisch, das im Gebiet des heutigen Mexiko in Gruben gebraten wurde.

Die enge Verbindung mit der Karibik zeigt auch, dass die spanischen, französischen und englischen Wörter für die Freibeuter der Karibik – *Bucanero*, *Boucanier* und *Buccaneer* – auch jeweils auf den Wortursprung *buccan* aus dem Taíno zurückgehen. Als *Jerk* haben sich ähnliche Zubereitungsmethoden auch in Mittelamerika und der Karibik erhalten. In Mexiko werden ganze Ziegen bei niedrigen Temperaturen über dem Feuer zubereitet, während in Kuba ein ganzes in der Grube geräuchertes Schwein als traditionelles Weihnachtsessen gilt. Die Spanier waren an der Entstehung des heutigen Barbecues beteiligt, indem sie Schweine und damit Schweinefleisch in die Neue Welt einführten. Im Oxford English Dictionary taucht das Wort „barbecue" erstmals 1661 auf, bezeichnet aber noch das Holzgerüst. Wenige Jahrzehnte später war allein die Mahlzeit gemeint, wenn zum Beispiel Benjamin Lynde 1733 oder später George Washington und Thomas Jefferson in ihren Aufzeichnungen auf Barbecues eingehen.

Auch wenn die ersten Erwähnungen des Barbecues im Gebiet der heutigen USA aus Virginia stammen, konnte sich dort auf Dauer keine starke Barbecue-Tradition etablieren. Als „Wiege des Barbecues" gelten deshalb die Carolinas (North Carolina und South Carolina), in denen sich auch die stärksten lokalen Unterschiede in der Art der Zubereitung ausgebildet haben. Wie viele Gerichte der Südstaatenküche ist Barbecue durch die afroamerikanische Küche (Soul food) beeinflusst. Viele der Köche waren Sklaven, die über die Karibik in die Südstaaten kamen, wo sie Kenntnisse der karibischen Küche und Gewürze erlangt hatten.

Bevor ich den Unterschied zwischen Grill- und BBQ-Saucen erkläre und es mit den Rezepten losgeht, steht hier nun, quasi als Solitär- und Universalgenie, der Ketchup.

Ketchup

Ketchup ist der Alleskönner und gleichzeitig die einfachste Grillsauce überhaupt. Eine Welt ohne Ketchup ist einfach unvorstellbar. Es gibt tausende von verschiedenen Rezepturen und Geschmacksvarianten. Ketchup begleitet uns seit unserer Kindheit. Und er passt einfach zu allem. Hier ein tolles Grundrezept, das man nach Belieben mit anderen Gewürzen und Zutaten abwandeln kann.

ZUTATEN FÜR ETWA 1 LITER

GEHEIME ZUBEREITUNG ★ ★ ★ ☆ ☆ ☆

ZUTATEN FÜR ETWA 1 LITER	GEHEIME ZUBEREITUNG
1,2 kg geschälte Tomaten aus der Dose (oder frische, fleischige Tomaten)	Wenn man frische Tomaten verwenden möchte, muss man sie zuerst schälen. Dazu werden sie an einer Seite kreuzförmig eingeschnitten, 10 Sekunden in kochendes Wasser
$^1/_3$ TL Pfeffer, gemahlen	getaucht und danach sofort in kaltes Wasser gelegt. Die
2 TL Ingwer, gemahlen	Haut lässt sich nun ganz leicht abziehen. Die Tomaten nun
1 Knoblauchzehe oder $^1/_2$ TL Knoblauchpulver	kleinschneiden und zusammen mit den anderen Zutaten in einen Topf geben. Alles bei geringer bis mittlerer Hitze
1 große Zwiebel, sehr fein geschnitten oder 1 TL Zwiebelpulver	30 Minuten einkochen lassen, dabei gelegentlich umrühren, die Tomatensauce mit einem Mixstab fein mixen. Eventuell noch etwas weiter einköcheln lassen, bis die Konsistenz
2 TL Salz	stimmt. Es soll ein sämiger Ketchup sein. Der Ketchup wird
5 EL Zucker	beim Erkalten noch etwas dicker.
$^1/_2$ TL Koriander	Man kann dieses Rezept nach Belieben durch die Zugabe
$^1/_2$ TL Boxhornklee	der folgenden Zutaten abwandeln:
1 TL Cumin	Chili, Curry, Ingwer, Honig, Pflaumen, Pfefferkörner
50 ml Essig	oder Zimt.

Die Verwendung von BBQ- und Grillsaucen

BBQ-Saucen

BBQ-SAUCEN gibt es in vielen Geschmacksrichtungen und sie werden wegen ihres rauchigen Geschmacks, den es von „süß" über „süß-scharf" bis zu „sehr scharf" oder mit „viel Säure" gibt, in erster Linie zum Marinieren verwendet. Während des Garens benutzt man sie zum Mobben, außerdem dienen sie bei gezupftem Fleisch (z. B. bei Pulled Pork) zum Nachwürzen.

MARINIEREN: Zweck des Marinierens ist es, Gewürze tief ins Grillgut eindringen zu lassen. Marinieren macht das Fleisch auch zarter. Das Grillgut wird mit der BBQ-Sauce eingerieben oder ganz darin eingelegt und für 12–24 Stunden zum Durchziehen (Marinieren) im Kühlschrank gelagert. Die Marinade wird danach weggeworfen.

MOPPEN: Moppen nennt man den Vorgang während des Grillens, bei dem man BBQ-Sauce mit einem kleinem Mopp oder einem Pinsel aufträgt. Das Moppen sorgt für eine höhere Konzentration von Gewürzen auf dem Fleisch. Die Sauce karamellisiert über der Glut, dadurch entsteht eine schöne Farbe und eine knusprige Kruste.

WÜRZEN: Pulled Pork wird nach dem „Zupfen" mit BBQ-Sauce gewürzt. Dazu gießt man je nach Geschmack BBQ-Sauce darüber und vermengt alles miteinander.

WICHTIG: BBQ-Saucen haben immer ein kräftiges, rauchiges Aroma und verstärken damit noch den erwünschten Rauchgeschmack des Grillgutes.

Grillsaucen (Steaksaucen)

Steaksauce, Grillsauce oder Gourmetsauce. Drei Namen für ein und dieselbe Sauce.
Sie wird zu Gegrilltem gegessen.

ALS SAUCE:
Man gießt die Sauce direkt aus der Flasche auf den Teller oder über das Steak.

ALS DIP:
Man reicht die Sauce separat in einem Schälchen, das Grillgut wird nur hinein gedipt.

ZUM UMHÜLLEN:
Zum Beispiel bei Hähnchenflügeln. Sie werden in eine Schüssel gelegt, meist wird dann eine scharfe Grillsauce dazugegeben und die Hähnchenflügel darin gewendet.

Steaksauce, Grillsauce oder Gourmetsauce haben kein rauchiges Aroma. Sie sind eher scharf, süß, süß-scharf, oftmals auch sehr säurelastig. Grillsaucen werden eher „beiläufig" zum Fleisch gegessen, sollen eher der geschmacklichen Vorliebe des Konsumenten gerecht werden, Lust auf mehr machen und keinesfalls der Überdosierung von Raucharomen Vorschub leisten.

Wenn wir nun BBQ- und Grillsaucen vergleichen, liegt der einzige offensichtliche Unterschied im vorhandenen, bzw. nicht vorhandenen Rauchgeschmack.

GEHEIMTIPP!

Eine BBQ-Sauce ohne Rauch ist eine **GRILLSAUCE** und eine Grillsauce mit Rauchgeschmack ist eine **BBQ-Sauce.**

STEAKSAUCE, GRILLSAUCE ...

Die wahre Entstehungs- geschichte der BBQ-SAUCE

Es gibt 1000 und eine Geschichte rund um den Mythos BBQ-Sauce, ich erzähle aber die wahre ...
Dazu muss man Folgendes wissen: Um Lebensmittel haltbar zu machen, wurden diese meist „sauer" eingelegt oder eingekocht. Tomaten erntete man noch halb grün, damit sie nicht zu schnell verdarben. Die eingelegten Tomaten waren dadurch eher eine „bitter-saure" Angelegenheit.
Wir schreiben das Jahr 1849, der Goldrausch in den USA ist in vollem Gange. Ströme von Siedlern eilen zu den Goldfeldern, die von unzähligen chinesischen Kulis begleitet wurden. Die Chinesen arbeiteten als Gleisbauer, Minenarbeiter und Köche.
So sollte ein chinesischer Koch aus den Vorräten ein schmackhaftes Essen zubereiten.
Über offenem Feuer wurde Fleisch gebraten, dazu gab es weichgekochte Baked Beans, die mit den eingelegten Tomaten vermengt wurden. Die bitter-sauren Tomaten waren nicht gerade ein kulinarisches Highlight. Der ambitionierte chinesische Koch wusste sich zu helfen und nahm die von den Engländern stammende Worcestershiresauce, Ketjap (Chinesische Sojasauce), reichlich Melasse, einige asiatische Gewürze und getrockneten Chili

zum Nachwürzen. Der sauer-bittere Geschmack war somit eliminiert und das Ergebnis überwältigend. Das Gericht schmeckte den Goldsuchern so gut, dass man mit den Zutaten, mit denen man eigentlich die Baked Beans verfeinern wollte, eine Sauce machte. Mit dieser Sauce hatte man eine hervorragende Zutat, die zu allen Gerichten passte, ganz egal, ob Gemüse oder Fleisch.
Die BBQ-Sauce war geboren.
Vermutlich stammt auch die heutige Bezeichnung Ketchup von dem asiatischen Wort Ketjup. Industriell wurde diese Sauce in den USA zuerst von dem von deutschen Auswandern abstammende Henry John Heinz hergestellt. Heute ist Heinz weltweit der Marktführer in Sachen Ketchup.
Im Laufe der Jahre entstanden unendlich viele Abwandlungen der BBQ-Sauce, ob sich dadurch tatsächliche Geschmacksverbesserungen hervorgetan haben, kann man leicht überprüfen: Seit 2013 gibt es eine Sauce, die nach der Ursprungsrezeptur von 1849 hergestellt wird. Sie heißt Painmaker BBQ-Sauce – Old School – US Style – 1849. Das Besondere daran sind die ausgewählten Zutaten, die denen von 1849 entsprechen und dadurch ein einzigartiges Geschmackserlebnis garantieren.

Rezepte

Die Schierigkeitsgrade der Zubereitung sind mit ★ markiert.

★ sehr leicht   ★ ★ ★ ★ ★ ★ sehr schwierig

Original Texanische BBQ-Sauce

Hier wird aus dem Ketchup-Grundrezept eine original Texanische BBQ-Sauce. Als Basis zur BBQ-Sauce dient immer Ketchup.

ZUTATEN FÜR 1 LITER

800 g Ketchup (selbst gemacht oder gekauft)

2 gestrichene TL Salz

12 EL Sojasauce

12 EL Worcestershiresauce

8-10 EL Zuckerrübensirup

2 TL Pfeffer, geschrotet

1 Knoblauchzehe oder 1 TL Knoblauchpulver

1 kleine Zwiebel, fein gewürfelt oder 1 TL Zwiebelpulver

1-2 TL Chipotle-Pulver (oder jeden anderen Chili)

$^1/_2$ TL Pfeffer

1 TL Cumin

1-2 EL Flüssigrauch

GEHEIME ZUBEREITUNG

Den Ketchup zusammen mit den übrigen Zutaten in einen Topf geben. Alles bei geringer bis mittlerer Hitze 10-15 Minuten einkochen lassen, dabei gelegentlich umrühren. Die Sauce mit einem Mixstab fein durchmixen. Eventuell noch etwas weiter einköcheln lassen, bis die gewünschte Konsistenz erreicht ist. Es soll eine etwas dickere Sauce sein. Die Sauce wird beim Erkalten noch etwas fester. Durch die Zugabe von Whiskey, Rotwein, Pfeffer oder Chili kann man den Geschmack unendlich variieren.

Original Steaksauce

Sie wird häufig auch Grillsauce oder Gourmetsauce genannt.
Die Verwandlung des Grundrezeptes für Ketchup in eine Original Steaksauce ist
ganz einfach …
Auch für die Steaksauce dient als Basis immer Ketchup. Nehmen Sie etwa 800 g von
Ihrem selbst gemachten Ketchup (Ketchup Rezept) oder einen gekauften Ketchup.

ZUTATEN FÜR 1 LITER

800 g Ketchup (selbst gemacht
   oder gekauft)
2 gestrichene TL Salz
12 EL Sojasauce
12 EL Worcestershiresauce
8-10 EL Zuckerrübensirup
2 TL Pfeffer, geschrotet
1 Knoblauchzehe oder 1 TL
   Knoblauchpulver
1 kleine Zwiebel fein gewürfelt
   oder 1 TL Zwiebelpulver
1-2 TL Chipotle-Pulver (oder
   jeden anderen Chili)
$^1/_2$ TL Pfeffer
1 TL Cumin

GEHEIMNE ZUBEREITUNG ★ ★ ★ ★ ☆ ☆

Alle Zutaten in einen Topf geben und aufkochen. Dann alles
bei geringer bis mittlerer Hitze 20-30 Minuten einkochen
lassen, dabei gelegentlich umrühren, die Steaksauce mit
einem Mixstab fein durchmixen. Eventuell noch etwas weiter
einköcheln lassen, bis die gewünschte Konsistenz erreicht
ist, sie sollte etwas dickflüssig sein. Die Sauce noch heiß
abfüllen und gut verschließen. Die Sauce wird beim Erkalten noch etwas dicker.
Durch Zugabe von Whiskey, Pfeffer oder Chili kann
man den Geschmack variieren.

BBQ-Senf-Sauce

Diese BBQ-Senf-Sauce ist etwas ganz Besonderes. Das Rezept stammt aus Carolina und wird dort praktisch bei jedem BBQ verwendet. Probieren Sie sie einmal zu Weißwurst, zum Lachs und auch als Salatsauce, dazu muss sie aber etwas dünnflüssiger sein.

Senf kann man sehr leicht selbst machen – hier ein schnelles Grundrezept:

ZUTATEN FÜR 200 G Senf

6 gehäufte EL Senfmehl

   (nicht entölt)

6 EL Essig

6 EL Wasser

1 TL Salz

2 TL Zucker

$^{1}/_{2}$ TL Kurkuma

GEHEIME ZUBEREITUNG

Sämtliche Zutaten zusammen

mit 6 EL Wasser in einer

Schüssel gründlich miteinander

vermischen.

ZUTATEN FÜR 250 G SAUCE

8 gehäufte EL Senf

7 EL BBQ-Sauce

2 EL Zuckerrübensirup

GEHEIME ZUBEREITUNG

Alle Zutaten in einer Schüssel gründlich verrühren.

Die Farbe sollte ockergelb werden.

Durch die Zugabe von Whiskey, Cognac, Pfeffer oder

Chili kann man den Geschmack variieren.

Senf-Honig-Sauce

Senf-Honig-Sauce eignet sich hervorragend zum Marinieren, da Senf ein natürlicher Zartmacher ist. Probieren Sie sie einmal zu Weißwurst, zum Lachs oder etwas verdünnt auch als Salatsauce.

ZUTATEN FÜR CA. 250 G	GEHEIME ZUBEREITUNG
6 gehäufte EL Senfmehl	Sämtliche Zutaten in einer Schüssel gründlich
(nicht entölt)	miteinander verrühren. Die Sauce sollte eine
6 EL Essig	leuchtend gelbe Farbe bekommen. Sie dickt in der
6 EL Wasser	Flasche noch etwas nach.
1 TL Salz	
2 TL Zucker	Durch Zugabe von Whiskey, Cognac, Pfeffer, Ingwer, Chili,
½ TL Kurkuma	Estragon und Kerbel oder Dill kann man den Geschmack
4-5 EL Honig nach Geschmack	variieren.

★ ☆ ☆ ☆ ☆ ☆

Chicken-Wing-Sauce

Kein BBQ ohne Chicken Wings und der passenden Chicken-Wing-Sauce. So eine Chicken-Wing-Sauce sollte süß wie die Liebe und scharf wie eine Rasierklinge sein. Jedoch so lecker, dass man gar nicht mehr aufhören möchte mit dem Essen. Die Tränen in den Augenwinkeln müssen dann wohl Freudentränen sein.

Als Basis der Sauce dient Ketchup. Und so wird aus dem Grundrezept für Ketchup eine original Chicken-Wing-Sauce:

ZUTATEN FÜR 250 G

200 g Ketchup (selbst gemacht oder gekauft)

$^1/_4$ TL Koriander

$^1/_2$ EL Cumin

1 TL Ingwerpulver

1 TL Pfeffer, geschrotet

1 TL Salz

1 TL Zwiebelpulver

2-4 TL Chilipulver (möglichst eine scharfe Sorte,
   z. B. Habanero)

2-3 EL Honig

GEHEIME ZUBEREITUNG

Alle Zutaten gut miteinander verrühren. Die Chicken-Wing-Sauce eignet sich gut zum Dippen oder zum Bestreichen der Wings. Dazu die Hähnchenteile einfach 5 Minuten, bevor sie aus dem Ofen kommen, mit der Sauce komplett einstreichen.

Auch bei diesem Rezept kann man durch Zugabe von Whiskey, Bier, Cognac oder Ingwer den Geschmack variieren.

Mayonnaise-

Mayonnaise

Remoulade

Tomate-Whiskey

Limette

Saucen

Sauce Tartare

Chipotle-Chili

Curry-Ingwer

Pfeffer

Mayonnaise

Ist Mayonnaise eine BBQ-Sauce? Aber selbstverständlich! In Alabama gehört die „BBQ White" traditionell zum BBQ. Als Basis dient stets Mayonnaise, die mit immer neuen Zutaten abgeändert werden kann.

Auf der Grundlage eines tausendfach erprobten Mayonnaisen-Rezeptes, das sehr schnell und sicher zubereitet werden kann, verrate ich Ihnen die besten Rezepte aus Alabama. Denn diese Saucen werden in Deutschland auch gerne zu Fondue gegessen …

ZUTATEN FÜR 300 G

2 Eigelb
2 TL Senf
$^1/_4$–$^1/_2$ TL Worcestershiresauce
2 TL Essig
1 Prise Salz
$^1/_4$ TL Zucker
1 Prise weißer Pfeffer
250 g Öl

GEHEIME ZUBEREITUNG

Damit die Zubereitung gelingt, sollten das Öl und die Eier Zimmertemperatur haben.

Alle Zutaten, bis auf das Öl, in einer nicht zu großen Schüssel gründlich miteinander verrühren.

Am besten geht das mit einem Mixstab oder einem Handmixer, aber auch ein normaler Schneebesen erfüllt seinen Zweck. Mein Favorit ist der Mixstab.

Nun gleichzeitig mixen und langsam, aber dennoch zügig, das Öl hineingießen. Wenn sich das Öl mit den Eiern verbindet, machen Sie alles richtig … sollte es nicht der Fall sein, geben Sie das Öl etwas langsamer zu.

Wenn es zu dick wird, einfach etwas Wasser beimischen. Durch die Zugabe von etwas Essig zum Schluss wird die Mayonnaise etwas fester und auch heller.

Alabama Hot

Die Alabama-Hot-BBQ-Mayonnaise kann man natürlich auch zu jedem Fondue essen. Jedenfalls diejenigen, die es etwas schärfer mögen ...

ZUTATEN FÜR 300 G

2 Eigelb

2 TL Senf

$^1/_4$–$^1/_2$ TL Worcestershiresauce

2 TL Essig

1 Prise Salz

$^1/_4$ TL Zucker

1 Prise weißer Pfeffer

250 g Öl

2-6 TL Cayennepfeffer, je nach Geschmack

GEHEIME ZUBEREITUNG

Damit die Zubereitung gelingt, sollten das Öl und die Eier Zimmertemperatur haben.

Alle Zutaten, bis auf das Öl und den Cayennepfeffer, in einer nicht zu großen Schüssel gründlich verrühren.

Am besten geht das mit einem Mixstab oder einem Handmixer, aber auch ein normaler Schneebesen erfüllt seinen Zweck. Mein Favorit ist der Mixstab.

Nun gleichzeitig mixen und langsam, aber dennoch zügig, das Öl hineingießen. Wenn sich das Öl mit den Eiern verbindet, machen Sie alles richtig ... sollte es nicht der Fall sein, geben Sie das Öl etwas langsamer zu. Wenn es zu dick wird, einfach etwas Wasser beimischen. Durch die Zugabe von etwas Essig zum Schluss wird die Mayonnaise etwas fester und auch heller. Ganz am Ende den Cayennepfeffer dazugeben.

Achtung: Jetzt kann man die Schärfe genau dosieren!

Alabama
Curry-Ingwer-Mayonnaise

Diese Variante passt toll zu Geflügel und Gemüse – für alle, die es exotisch mögen ...

ZUTATEN FÜR 300 G

2 Eigelb

2 TL Senf

$^1/_4$–$^1/_2$ TL Worcestershiresauce

2 TL Essig

1 Prise Salz

$^1/_4$ TL Zucker

1 Prise weißer Pfeffer

250 g Öl

2-4 TL Currypulver, je nach Geschmack

2 EL frischer Ingwer, sehr fein geschnitten

2-3 EL Honig

GEHEIME ZUBEREITUNG

Damit die Zubereitung gelingt, sollten das Öl und
die Eier Zimmertemperatur haben.

Alle Zutaten, bis auf das Öl, den Curry, den Ingwer und den
Honig in einer nicht zu großen Schüssel gründlich verrühren.
Am besten geht das mit einem Mixstab oder einem Handmixer,
aber auch ein normaler Schneebesen erfüllt seinen Zweck.
Mein Favorit ist der Mixstab.

Nun gleichzeitig mixen und langsam, aber dennoch zügig, das
Öl hineingießen. Wenn sich das Öl mit den Eiern verbindet,
machen Sie alles richtig ... sollte es nicht der Fall sein, geben
Sie das Öl etwas langsamer zu. Wenn es zu dick wird, einfach
etwas Wasser beimischen. Durch die Zugabe von etwas Essig
zum Schluss wird die Mayonnaise etwas fester und auch heller. Ganz am Ende Curry, Ingwer und Honig unterrühren.
Achtung: Der Ingwer macht die Mayonnaise scharf!

Alabama
Limetten-Mayonnaise

Diese Mayonnaise schmeckt sehr gut zu Fisch (auch zu Räucherfisch), Geflügel und Roastbeef. Genau das Richtige für alle, die einen sauren Frischekick mögen.

ZUTATEN FÜR 300 G

2 Eigelb

2 TL Senf

$^1/_4$–$^1/_2$ TL Worcestershiresauce

1 Prise Salz

$^1/_4$ TL Zucker

1 Prise weißer Pfeffer

250 g Öl

Saft von 4 Limetten

GEHEIME ZUBEREITUNG

Damit die Zubereitung gelingt, sollten das Öl und die Eier Zimmertemperatur haben.

Alle Zutaten, bis auf das Öl, in einer nicht zu großen Schüssel gründlich verrühren.

Am besten geht das mit einem Mixstab oder einem Handmixer, aber auch ein normaler Schneebesen erfüllt seinen Zweck. Mein Favorit ist der Mixstab.

Nun gleichzeitig mixen und langsam, aber dennoch zügig, das Öl hineingießen. Wenn sich das Öl mit den Eiern verbindet, machen Sie alles richtig ... sollte es nicht der Fall sein, geben Sie das Öl etwas langsamer zu. Wenn es zu dick wird, einfach etwas Wasser beimischen. Durch die Zugabe von etwas Essig zum Schluss wird die Mayonnaise etwas fester und auch heller.

Alabama
Black-Crushed-Pepper-Mayonnaise

Diese Variante passt toll zu Geflügel und Gemüse – für alle, die es exotisch mögen ...

ZUTATEN FÜR 300 G

2 Eigelb

2 TL Senf

$^1/_4$–$^1/_2$ TL. Worcestershiresauce

2 EL Essig

1 Prise Salz

$^1/_4$ TL Zucker

250 g Öl

4 EL gestoßener Pfeffer

GEHEIME ZUBEREITUNG

Damit die Zubereitung gelingt, sollten das Öl und die Eier Zimmertemperatur haben. Alle Zutaten, bis auf das Öl und den gestoßenen Pfeffer, in einer nicht zu großen Schüssel gründlich verrühren. Am besten geht das mit einem Mixstab oder einem Handmixer, aber auch ein normaler Schneebesen erfüllt seinen Zweck. Mein Favorit ist der Mixstab. Nun gleichzeitig mixen und langsam, aber dennoch zügig, das Öl hineingießen. Wenn sich das Öl mit den Eiern verbindet, machen Sie alles richtig ... sollte es nicht der Fall sein, geben Sie das Öl etwas langsamer zu. Wenn es zu dick wird, einfach etwas Wasser beimischen. Durch die Zugabe von etwas Essig zum Schluss wird die Mayonnaise etwas fester und auch heller. Erst ganz am Ende den gestoßenen Pfeffer dazugeben.

Ich empfehle den besten Pfeffer der Welt: den Tasmanischen Bergpfeffer. Es ist allerdings auch der teuerste Pfeffer der Welt ...

Alabama
Egg & Herbes-Mayonnaise

Passt am besten zu Roastbeef, sämtlichen Arten von kaltem Braten, Kartoffel-salat, gebackenem Fisch und frittierten Hähnchenteilen.
Die Alabama Egg & Herbes-Mayonnaise ist eine Abwandlung der Remoulade, jedoch ohne Sardellen, Kapern und Essiggurken.

Wer lieber eine „echte"
Remoulade möchte, fügt
dem Rezept einfach noch
die folgenden Zutaten zu:

1 Essiggurke, in sehr feine
  Würfel geschnitten

7 Sardellenfilets,
  sehr fein geschnitten

1-2 EL Kapern,
  sehr fein gehackt

ZUTATEN FÜR 300 G

2 Eigelb
2 TL Senf
$^{1}/_{4}$–$^{1}/_{2}$ TL. Worcestershiresauce
2 EL Essig
1 Prise Salz
$^{1}/_{4}$ TL Zucker
250 g Öl
3 hartgekochte Eier
4 EL Küchenkräuter (Petersilie, Estragon und Kerbel)

GEHEIME ZUBEREITUNG

Damit die Zubereitung gelingt, sollten das Öl und die Eier Zimmertemperatur haben. Alle Zutaten, bis auf das Öl, die hartgekochten Eier und die Küchenkräuter, in einer nicht zu großen Schüssel gründlich verrühren. Am besten geht das mit einem Mixstab oder einem Handmixer, aber auch ein normaler Schneebesen erfüllt seinen Zweck. Mein Favorit ist der Mix-stab. Nun gleichzeitig mixen und langsam, aber dennoch zügig, das Öl hineingießen. Wenn sich das Öl mit den Eiern verbin-det, machen Sie alles richtig … sollte es nicht der Fall sein, geben Sie das Öl etwas langsamer zu. Wenn es zu dick wird, einfach etwas Wasser beimischen. Durch die Zugabe von etwas Essig am Ende wird die Mayonnaise etwas fester und auch heller. Zum Schluss die fein gehackten hartgekochten Eier und die gehackten Küchenkräuter unterheben.

Alabama
Whiskey-Mayonnaise

Sie ist eigentlich die klassische Cocktailsauce und passt deshalb besonders gut zu Shrimps, Garnelen, Hummer und Geflügel.
Der Whiskey kann natürlich jederzeit durch Cognac, Calvados oder Rum ersetzt werden. Für all diejenigen, die es klassisch mögen …

ZUTATEN FÜR 300 G

2 Eigelb
2 TL Senf
$\frac{1}{4}$–$\frac{1}{2}$ TL Worcestershiresauce
2 EL Essig
1 Prise Salz
$\frac{1}{4}$ TL Zucker
250 g Öl
3-4 EL Ketchup
4-6 EL Whiskey

GEHEIMNE ZUBEREITUNG

Damit die Zubereitung gelingt, sollten das Öl und die Eier Zimmertemperatur haben.

Alle Zutaten, bis auf das Öl, den Ketchup und den Whiskey, in einer nicht zu großen Schüssel gründlich verrühren.

Am besten geht das mit einem Mixstab oder einem Handmixer, aber auch ein normaler Schneebesen erfüllt seinen Zweck.

Mein Favorit ist der Mixstab.

Nun gleichzeitig mixen und langsam, aber dennoch zügig, das Öl hineingießen. Wenn sich das Öl mit den Eiern verbindet, machen Sie alles richtig … sollte es nicht der Fall sein, geben Sie das Öl etwas langsamer zu. Wenn es zu dick wird, einfach etwas Wasser beimischen. Durch die Zugabe von etwas Essig zum Schluss wird die Mayonnaise etwas fester und auch heller.

Am Ende sowohl Ketchup als auch Whiskey unterrühren.

Glossar

Chili:

Auch Chilli, Chilie, Chillie, Chile, Pimento, Pepper oder Paprika. Es ist die Bezeichnung der Gattung, weshalb sich diese Begriffe nicht auf eine bestimmte Sorte beziehen.

Beizen:

Alter Begriff für Marinieren.

Dry Rub:

Trockene Gewürzmischung, mit der das Fleisch eingerieben wird (Englisch: *to rub* für reiben).

Marinieren:

Einlegen von rohem Fleisch oder Fisch. Die Gewürze dringen so in die Speise ein, machen diese aromatischer, zarter und länger haltbar.

Mop:

Eigentlich ein Pinsel, um Grillgut mit einer BBQ- oder Mop-Sauce zu bestreichen. In den Anfängen des BBQ wurden meist halbe Schweine oder $1/4$ Ochsen gegrillt. Zu dieser Zeit hat man tatsächlich einen (Putz)-Mopp beim Grillen verwendet.

Moppen:

Das Einpinseln, also „Moppen", von Fleischstücken.

Mopp-Sauce:

Mit Wasser, Essig, Wein, Bier oder Whiskey verdünnte BBQ Sauce.

Rubben:

Einreiben des Grillgutes mit Gewürzen.

Harald Zoschke: Das Chili Buch
Barbecue: Wikipedia